ΑΊΛΟΥΡΟΣ

Елена Сунцова

# ВОЗНИКНОВЕНИЕ КОЛОКОЛЬЧИКА

Ailuros Publishing
New York
2013

Elena Suntsova
Emergence of a Bell

Ailuros Publishing
New York
USA

Подписано в печать 23 июня 2013 г.

Художник обложки — Ирина Глебова.
Фотография Ксении Венглинской.

Прочитать и купить книги издательства «Айлурос» можно на его официальном сайте: **www.elenasuntsova.com**

© 2013 Elena Suntsova. All rights reserved.

ISBN 978-1-938781-21-6

Щенка, щегла или кота
Та-та, та-та, та-та
Любовь приходит мне на ум
Как разбойный шум.

С.С.

**Из цикла
«Манхэттенские романсы»**

От веселого Борея
Разлетелись, гомоня,
Все мотивы, и хореи
Вдруг покинули меня.

Принимали эстафету
Неба дымные края,
И вторую сигарету
Жадно выкурила я.

Дым не таял, улетая,
Задевая за карниз,
Небоскребы, вырастая,
Пели: музыка, вернись.

Только облачко парило
В виде русской буквы «ю»,
Ничего не говорило,
Как тебе не говорю.

\* \* \*

Если неизбежно
То не будет страшно
Под зонтом кромешным
И дождем вчерашним

И не будет больно
Стыдно или жалко
В домике стекольном
В капюшоне шапке

Сядем под грибочком
Весело покурим
Помашу платочком
Бесконечным струям

Обниму на счастье
Поцелую крепко
И уйдет ненастье
И начнется лето

\* \* \*

Желание, как песок,
Как тающая хурма,
Которой, как ни высок
Огонь, не возьмешь сама,

Ты смотришь на океан
И видишь, как не одну
Скорлупку Левиафан
Заставил пойти ко дну,

Разматывая клубок
С изюминкой в глубине,
И катится в желобок
Она от тебя ко мне.

\* \* \*

Ты цел, я снова остаюсь,
Легко проходят дни.
Тоска и горечь, тьма и грусть
Сторонники мои.

Моей иронии — твердить
Похожие стихи,
С твоей ни кофе ни сварить,
Ни каши, ни ухи,

Ни снов тебе ни обещать,
Ни радуги в окне.
Любовь торопится прощать,
Но не тебя, не мне.

\* \* \*

От летучего вокала
И стихов на злобу дня
Колокольчики бокалов
Разбиваются, звеня.

Он цветущий, он огромный
Долгожданный в мире сад
Уничтожит и, скоромный,
Не оглянется назад.

Ветер, ветер над рекою,
Над тюрьмою крепостной,
И ни воли, ни покою,
Ни мелодии простой.

\* \* \*

Стихи сбываются, поэт,
Не выходи на свет,
Не то окажешься, изгой,
И к радуге спиной,

И к той, которая во тьме
Звала тебя в уме,
И к ослепленному уму,
И к свету самому.

Когда б мы жили в двух шагах,
Стихи и прочий прах
Мы научились бы прощать,
От лжи не отличать,

Но — руки помнят, губы ждут,
Стихи тебя ведут,
Смотри, какой роскошный мост,
Как непросохший холст.

\* \* \*

Улица дня рождения,
Ты получила имя:
Вышито наваждения
Нитями золотыми.

Воздух чернеет набело,
Бури ликует кобальт,
И над рекою зарево
Ткут облака бок о бок.

Солнца пластинка вертится,
На острие иголки
Город далекий светится
Новой звездой на елке.

\* \* \*

Лапой слегка поскребется котик
В небе всея луны,
Маленький беленький самолетик
Вынет из головы.

Или задумчивый дирижаблик,
Что полетит ко мне,
Не помогая и не мешая —
Просто парит в окне.

Так и парю, так тебе пишу и
Жду твоего письма,
То одесную, а то ошую
Буковки целова.

\* \* \*

Широко открыть,
Чтобы всё продуло,
Окна, говорить:
Я, наверно, дура.

Быстроногих яхт
Смелое паренье,
Будто говорят:
Я за примиренье.

Может, и меня
Кто-нибудь услышит,
В обмороке дня
Мне письмо напишет.

Есть же чудеса,
В них я верю робко:
Летняя гроза,
Божия коровка.

\* \* \*

Котик-лисица,
Что тебе снится?
Жизнь не корица,
Нельзя раздвоиться.

Вытяни вольно
Рыжие лапы.
Если так больно,
Можно поплакать.

Чтобы сберечь
Белый животик,
Знает, как лечь
Душенька-котик.

\* \* \*

Не всё ли равно, на какой стороне
Земли ты приснишься мне?

Не всё ли равно, на каком языке
«Прости» не скажу тебе?

Не всё, что я делаю, хорошо.
Не всякою кистью коснешься шелка.

\* \* \*

В памяти тихо тонет
Счастье, вино, несчастье:
Я стою на балконе
В солнечном желтом платье,

Мне хорошо и жарко,
Ночь неспроста белеет —
Алой звездой огарка
Наша разлука тлеет.

Не было, уплывало
Вместе с печалью старой:
То, чего было мало,
То, что не перестало.

\* \* \*

Улыбаюсь я, скорбя
(Я сумела улыбнуться),
Потому что до тебя
Всё равно не дотянуться.

Летний сад главой поник,
Мне кивает, безутешен,
Он сегодня мой двойник,
И порочен, и безгрешен.

Как тебе ни объяснись,
Не поведаешь о главном:
Ты сегодня мне приснись,
Вот и чудно, вот и славно.

\* \* \*

Вольно ли пляшущим на воде
Бабочкам и теням?
Сможем ли мы, если я нигде,
Снова вернуться к нам?

К нам, где темнеет подкожный мыс
Воли, которой нет,
В эту страну, где шепчу: вернись,
И тишина в ответ.

\* \* \*

*Екатерине Симоновой,
Елене Баянгуловой*

Лето в своем родовом саду,
Солнце, теней дожди,
Шепчут деревья по-русски: жду,
Статуи вторят: жди.

Ялик качается на волне,
Чижик кивает мне,
Что-то отсвечивает на дне,
Замок парит в огне.

Буду красивая, за бортом
Нас повторит вода,
И, словно рыба, голодным ртом
Кану — прильну — туда.

## Twins

1

Лица не увидать,
И, как ни назови,
Не глядя, всё отдать,
Спеша к своей любви.

И в темных тех глазах
Увидеть только свет,
И полночь на часах,
И нет разлуки, нет.

2

Запомни день, запомни дом,
Гляди, как падает звезда,
Как беззащитны мы вдвоем,
Оставь надежду навсегда.

Читатель, слушай: человек
Окно откроет в эту ночь,
Такую белую, как снег,
И, как писатель, выйдет прочь.

3

Сходи, пожалуйста, с ума,
Пусть бесится зима,
Пусть психбольница под окном
Для нас всего лишь дом.

Смотри: сносили сто сапог,
А кто подумать мог.
Апрель, надежда, стопка книг
И я мечтой на миг.

4

Возьми за правило твердить:
Люблю тебя, люблю.
Четыре ласточки парить
Начнут, как я парю.

Плоть выздоравливает, дух —
Я с ним договорюсь:
На близнецов похожий двух,
Которыми двоюсь.

\* \* \*

Как откровенно жалко,
Что ты меня не встретил.
Лопасти дирижаблей
Тихо вращает ветер.

Тихо летит ворона,
Следом за ней другая.
Знаешь, скажу нескромно:
Я тебя вспоминаю.

В небе застыла чайка,
Белым крылом качая.
Всё это неслучайно:
Я за тобой скучаю.

\* \* \*

Улечу в кабриолете
От веселых горьких дум,
Будет море, будет ветер,
Голос, музыка и шум.

То Италия заглянет
Новым пением заклясть,
То Испания обманет,
Как обманывала страсть —

Всё спасение, отрада,
Выход, проще говоря,
В темноте немного яда,
Поворот руля.

## Inside

1

Как я любила ту
Светлую пустоту —
Утро, и за окном
Щелкает метроном

От моего письма
До твоего письма:
Горе, любовь, слова,
Ложь, темнота, слова.

2

Лета много не бывает,
Как ни выверни монету,
Дым зеленый уплывает,
Не к лицу влюбленность лету.

Я заметила: как только
Мы решили попрощаться,
Так легко и так жестоко,
Лето начало кончаться.

\* \* \*

Кто потянется, приснится
В роковые полчаса,
Кто поедет, кто помчится,
Как пушистая лиса,

Кто напоит благородным
Брютом розовым и ниц,
Кто окажется нескромным,
Кто рассыплет в небе птиц,

Кто опомнится и вспомнит,
Рассмешит и удивит
В белой оторопи комнат,
Поцелуем поманит.

\* \* \*

Тот вихрь, который нас вознес
И вспыхнул, и исчез,
Впервые вспомнила без слез,
Смотри, какой прогресс.

Смотри, какая темнота,
Какой далекий свет
Нам демонстрирует звезда,
Которой больше нет.

\* \* \*

Вновь соленой воды напьюсь
У подножия мягких гор,
Лес увижу и улыбнусь,
А отвыкла с недавних пор.

Будет озеро в двух глотках,
Электричка в пяти шагах,
Станут серыми купола
Церкви, где я тебя ждала,

Облака полетят на юг,
Закурлычут, меняя лик,
И одной из твоих подруг
Станут там, наверху, на миг.

\* \* \*

Он любит музыку не ту
И сына водит в детский сад,
И я напрасно встречи жду,
Увижу — нечего сказать.

Я промолчу и улыбнусь,
И попрошу еще вина,
Пока я с ним, я не боюсь,
Что нас застанет тишина.

И вытекающий из слез
Оркестр горя и любви,
Как океан, шумит всерьез,
Что песенки мои.

* * *

Как бы этот сон прекрасный
Мне назад перемотать,
Кот тяжелый, кот веласкный,
Виноградину оставь.

Белый офис, утро мая,
Жалюзи на окнах нет,
Я с восторгом наблюдаю
Твой рабочий кабинет.

И машу тебе конвертом
И прочитанным письмом,
Вот и всё, что снится летом
В дыме облака мучном.

\* \* \*

То остыло, то осталось
В лета гордой синеве,
То смородиной купалось
В белом омуте-Неве,

То кутикула сухая,
Шелковистая листва,
То до первых чисел рая,
До вторых едва.

\* \* \*

Что тревожней ожиданья,
Что загадочнее моря,
Привкус соли и рыданья,
Возглас радости и горя.

Горе ядрышком горячим
И резиновым комочком
Покатилось и не спрячешь,
Утонуло и не спросишь.

Что безжалостнее этой
Боли, нежности и силы,
Половину сигареты
На прощанье попросила.

\* \* \*

Печи большой
Заперта вьюшка.
Котик пушной,
Белое брюшко.

Это мечта
В нас убывает,
Эта ли, та,
Прочь улетает.

Как ни упрячь,
Правда согреет
Шкуру, и плач
Тьму одолеет.

Рыжим котом
Вспыхнет, взовьется,
Пламя на то
Так и зовется.

На полчаса,
На полминуты
Эта лиса
Выжжет все путы.

Будем стоять
На перекрестке,
Деньги снимать,
Тратить в киоске.

\* \* \*

Горит влюбленности огонь,
Свербит отчаяния кость,
И ни к кому, и ни к какой
Не повернется эта ось.

На ней нанизаны, горят
Цветы, стихи, календари,
Высок посыл, обширен ряд,
Побудь, останься, докури.

Приедь на Кирочную и
Допей с ромашкой сладкий чай,
Усни, забудься, обними,
Июнь наутро начинай.

## Cloud Nine

1

Я надену белое,
Лучшее и смелое,
Выйду, горяча,
Гордые плеча.

Улица пустынная,
Лишь трава полынная,
Кошка умывается,
Обморок сбывается.

2

Одеяла язычок
Намекает на призыв,
Вечер, облако, молчок,
Нож, вино и мягкий сыр.

Гасни, пробуй, приезжай,
Я обрадуюсь тебе,
Наваждению мешай
Помешать судьбе.

3

Нет у нас ни душ,
Ни последних сил.
Вот река Чауж,
Озеро Висим.

И еще река
Балагуриха.
И еще тоска,
К имени глуха.

4

Буду смотреть на тебя, смотреть,
Видеть тебя, смотреть.
А за тобой будет ветер петь,
Первой листвой шуметь.

Вот и одни. Говори со мной,
Не разнимая рук.
Просто смотри на меня, смотри,
Не открывая глаз.

5

Ничему не верила,
Радостно жила
И не лицемерила,
Сердце отдала.

Ничего не помнила,
И была во сне
На девятом облаке,
На седьмой луне.

### Скоростной романс

Мы живем в обшарпанных квартирах,
Где цинга и целостный раздрайв,
Где слепой надежды паутина
И угара бешеного рай.

Изойдет, истает и исчезнет
Эта пыль разрушенных судеб,
Как ни улыбается, ни тщится
Ангел-гой, возница горний Феб.

Этот пафос, созданный лучиться,
Этот мой возлюбленный паяц
Жив, пока моя машина мчится,
Жив, покуда не обсохла грязь.

В этих глаз покое и изгнанье
Я умру, светла и горяча,
Пепел на пороге мирозданья,
Мира бездыханная свеча.

\* \* \*

Луч бежит через дорогу,
Кошкой прыгает в кровать,
И тебя я понемногу
Начинаю забывать.

Забываю, закрываю
Виноватые глаза,
И гостей не намываю,
Как веселая мурза.

Будут солнечные беды,
Эхо, берег, волны, грусть,
Я куда-нибудь уеду
И обратно не вернусь.

Не вернусь и буду таять,
Под лучом таким сгорю,
Перламутровый на память
Колокольчик подарю.

\* \* \*

Смотри: это моя любимая музыка,
Это твои слова,
Это моя песня.

Слушай: это моя книга,
Это твоя книга,
Это моя любимая книга.

Говори: это наша жизнь,
Первая и короткая,
Как ночь,
В которой зажженные окна
Складываются в буквы,
Буквы — в слова,
Слова — во вторую жизнь.

\* \* \*

Тополями, облаками
Снизу кружатся поля,
Всё летит, и под ногами
Закругляется земля.

Света волны, ветра помощь,
Лепестков и листьев рой,
Завтра это будет «помнишь»,
Лета горечь, дождь стеной.

* * *

Я забуду твои остроты,
Как никогда не было,
Нет и не будет, что ты,
Солнца под звездным небом.

Только выйдет луна большая,
Тучи умыта губкой,
Будет светить, чужая,
Снова со строчной буквы.

\* \* \*

Облако, серый огромный дом,
Ласточки стонут в нем,
Тень укрывает своим щитом.
Нам хорошо вдвоем.

Как в январе, на твоих руках
Тает на солнце страх,
Дети катаются на коньках,
За руки взявшись, ах.

Это приснилось: река, мосты,
С городом мы на ты,
Утро, весна, и честны, просты
Помыслы, дни, мечты.

\* \* \*

Утром, и вечером, и в выходной
Только бы не оставаться одной,
Только бы слышать чьи-то слова,
Знать, что я снова жива.

Только бы их говорил за спиной
Голос, немного похожий на твой,
Только бы сердце напополам,
Словно луна: видишь сам.

\* \* \*

Мы встретимся с тобой
Через четыре дня
И сумрак голубой
Окутает меня

И снова полетит
По улице листва
И улица простит
Веселые слова

Как я прощала свет
Поверивший во тьму
И голод сигарет
Был на руку ему

И память сохранит
Огни коротких встреч
Разлуки алфавит
И музыку и речь

\* \* \*

Возьми себе на память роз,
Шуршащих, полых, как
Сухие трупики стрекоз,
Мы будем в них, когда мы врозь.

Возьми летучий бересклет,
И ландыш не забудь,
Листа кленового скелет
И россыпь легкую монет.

Прибавь осеннее число
К весеннему числу,
Нам цифры ветром принесло,
Нам вместе здорово везло.

Дыханье северной реки,
И дождик пролился
На угловатые тюки,
Причал и мокрые венки,
И позабыть нельзя.

\* \* \*

Ну не плачь же, ну не плачь,
Серый кот и черный грач,
Те не плачут никогда,
Слезы — глупая вода.

Серый день и мокрый сад,
Не вернуться мне назад,
Утром сон, а ночью хмель,
Ты за тридевять земель.

Кот в коробочке сидит,
Из коробочки глядит,
Как стекает по стеклу
Дождь, невидимый ему.

\* \* \*

Снова тебя разбудят
Радуга и цветы.
Если меня не будет,
Мною побудешь ты.

Утро не остановят
Те, кто еще не спит.
В мире ничто не стоит
Соли твоих обид.

Лодка, река, дорога,
Остров, рука, ладонь.
У моего порога
Будешь моей водой.

Это бы не случилось,
Если б не ты была
Крапинка тех песчинок,
Этой сосны игла.

\* \* \*

В таких глазах себя найду,
Что страшно — хоть ни страх,
Ни до, ни да, ни где, ни дух
Не помнят о глазах.

И я, как тот мотоциклист
И вырванный листок,
Лечу домой, тобой и вниз:
Эффектен, быстр, жесток.

Всё с высоты, всё за тобой,
Легко, легко паря,
И никогда, любимый мой,
Ни лжи календаря,

Ни правды сумерек ни нам,
Ни сумеркам самим
Не видеть, как моим глазам
Не снять веселья грим,

Одна душа, одна едва
Целует руку мне
И шепчет прежние слова,
И смотрит, смотрит, не.

\* \* \*

Я погибаю. Горы,
Горы, я погибаю.
Я обожаю шоры,
Так я не угадаю,

Кто поцелует руку,
Кто улыбнется первым,
Недругу или другу
Не оставаясь верной.

Я обожаю слово.
Слову присущи нравы.
Господи, для улова
Я быть могу неправой,

Серой и нелюбимой,
Жалобной и бездонной,
И, оставаясь милой,
Не оставаться дома —

И в колокольчик страха,
Времени и надежды
Ты позвонишь из мрака,
Как это было прежде.

\* \* \*

Все крыши Парижа и каждый салют
Нас помнят и вежливо ждут,
С тобой не бывали ни в Риме, ни-ни —
Ни в Ницце — как жалобны дни.

Каким покрывалом укутает май,
Какое угодно желай —
Лишь солнце, слепящее жалюзи сквозь,
И облака тень наискóсь.

И нáискось. Здравствуй. Какие года.
Какая обыденность, да.
Какая Москва, темнота, фонари,
Салют, я не видел, смотри.

\* \* \*

Я снова уступила.
И снова — ни упрека.
Весна проходит мимо
В цветном костюме легком,

И снова улетают
Из рук ночной скрипачки
И в воздухе витают,
Как балеринок пачки,

Цветки магнолий, яблонь,
Сухих японских вишен,
Но мы с тобою зябнем
И музыки не слышим.

Мы просто доживаем,
Укутавшись теплее,
До воздуха и мая,
Печалясь и болея,

И нас не видят белки,
Растения и мыши,
Дождинки, листья, ветки
И те, кто веток выше.

\* \* \*

Обнять тебя как книжку
Как плюшевого мишку
Жеманиться смеяться
И снова не бояться

Не верить и не плакать
Все статусы залайкать
И снова обещать
Любить и всё прощать

И улицы ночные
Нас примут как родные
Дотянет до рассвета
Текилы бутылетта

И вот в дверях качнемся
Смутимся и проснемся
Нам нету двадцати
Нам некуда идти

\* \* \*

Ты спишь. Тебе не снятся сны,
А если всё-таки приснятся,
То будут пусть они полны
Сухого яства.

И влажной оторопи пусть
Рука дотянется, и зренье
Наполнят облако и хруст
Стихотворенья.

Весенний, ломкий, ножевой,
Вчерашний, спрятавшийся, горний,
Уже не мой, еще не твой,
Как неба корни.

Спи, искушения трава,
Повремени до пробужденья,
Очередного Рождества
Любви и пенья.

\* \* \*

Где, воробушки, летали,
Из каких вы ели рук,
Чьих вы зрителями стали
Первых маленьких разлук,

Чьих вы были, чьи клевали
Чечевицу и зерно,
Чьи вас руки ревновали
Через чистое окно,

И чьего слепого счастья
Вы частичку унесли?
Возвращайся, возвращайся,
Вместе будем чив-чиви,

Чем лететь за чемоданом
И чирикать в унисон,
Новых песенок тогда вам
Настрижет чета часов,

И умоет воздух русый,
И появится тогда
Серый жаворонок грустный,
Черных ласточек чета.

* * *

Кот глядит зеленооко
Как холодное шабли
Не горят сегодня окна
Люди в оперу пошли

Люди в опере устанут
И вернутся налегке
И кота они застанут
В темном вечера мешке

Скажут здравствуйте собака
Мы не взяли вас с собой
Да у вас и нету фрака
Чтобы выйти в выходной

Люди снимут бриллианты
И зажгут в квартире свет
И тушеные эггпланты
Приготовят на обед

И заснут не раздеваясь
Ни к чему оно зверям
Серой лапой прикасаясь
К рыжим лапам и усам

\* \* \*

Снегом залитый газон
И предутренняя тьма
На газоне как сквозь сон
Пробивается трава

Слышно как она растет
И мороженым во рту
Белый оборотень тот
Тихо тает на свету

И проснется наконец
Заколдованный апрель
Этих заморозков чтец
Красногрудая форель

Наших вежливых обид
И со мной в который раз
Блеск и пенье Аонид
Расцветающих сейчас

\* \* \*

Стебелек с высоким горлышком
И цветок таится тянется
Ветер бедный машет перышком
В мире зернышко останется

И калики перехожие
Угловатые влюбленные
Обменяются с ним кожею
И уснут заговоренные

Кошки фабрика турбинная
И растения тесемочка
Вот и всё чем мы любимая
Будем связаны под солнышком

### Стихи о простых словах

Еще тогда? Еще тогда
Моргает первая звезда
Я в метафизике слаба
И снова волосы со лба

Прикосновение твое
И снова пропадом былье
Как дни безжалостно пусты
И снова в них не ты

Я только малого хочу
Живи гори свою свечу
И жизнь обманывает нас
И снова первый раз

\* \* \*

*Е. С., Е. Б.*

Наступит четверг, а потом среда,
И листья падут с небес.
И станет душа тяжела, когда
Вдруг бежевым станет лес.

И скажут деревья: лети, прости,
Я здесь не тебя найду.
И ты обернешься: тебе пути
Не выдержать в том саду.

И горлышко белого стебелька
Надломится в тишине.
Лети, повторяю, прости, пока
Нас ветер не бросит мне.

* * *

Зачем волнуется трава
И радуется зренью,
С какой же целью ты мертва,
Скажи, с какой же целью?

Смотри: окурок упадет
И скорчится, ненужный,
И оголит закат живот,
Багрец пройдет по лужам,

Коснувшись старого огня,
И света сноп прекрасный,
И голос падает, звеня,
Шальной и безопасный.

\* \* \*

От внутреннего гойства
Ночного беспокойства
И жалости подкожной
Бывает мне тревожно

От шепчущего смеха
Во мне растет прореха
И ширится и тает
Пока темно не станет

Пока глядит в окошко
Возлюбленная кошка
Сто раз о кошке пелось
Неиссякаем мелос

Пощебечи касатка
Усов и уст Камчатка
Спой песню мне на милость
Тревога растворилась

\* \* \*

Я зайду к тебе в фейсбук
У меня не хватит рук
Чтобы там тебя обнять
И потом не потерять

Я люблю тебя когда
В небе падает звезда
И стихает рев такси
Ты вези меня вези

Ты люби меня порой
Чтоб не слышать сердца вой
И не падать в темноте
Как мои глухие те

Как летит издалека
К нам комета ну пока
Может свидимся в ночи
Солнце где ключи

\* \* \*

Небо до ненастья
Нежно-голубое.
Слишком много страсти,
Слишком много боли.

Слишком много ласки,
Голода и пенья.
Слишком строг Херасков
Для стихотворенья.

Слишком глуповато,
Музыкально слишком.
Думай, Вожеватов,
Тот еще мальчишка.

Было слишком черным,
Стало слишком белым.
Будто нипочем нам.
Но осталось целым.

\* \* \*

Сколько до поцелуя
Нам пережить придется
Падая и ревнуя
На глубине колодца

Радуясь усмехаясь
Веря блефуя корчась
Тлея и прикасаясь
Запоминая горечь

Каждое постоянство
Требует сбереженья
Каждой любви убранство
Праха изнеможенья

Если бы я не знала
Что это может значить
Я бы поцеловала
Всё бы могло иначе

* * *

Нежно песни распевая,
В отдалении большом
Дышит кошка бежевая,
Урчетрели нипочем.

И хозяйка-грациоза
И зеленых глаз хитрец
Розовеют от мороза,
И теплеет наконец.

Загляделися в туманы
Очи рыжие твои,
Расцветают океаны,
Улетают журавли,

Лейся, кошка, на просторе
И в окно свое гляди,
Никакое там не горе,
Только море впереди.

\* \* \*

Что однажды уснуло,
То уже не проснется.
Шелест ласточек, Тула,
Белый омут колодца.

Возникают попарно
Полудикие твари,
И рычат лапидарно,
И становятся нами,

И подходят на задних
Полусогнутых лапах,
И в садок, палисадник
Прилетевший на запах

Шмель роится, крадется,
В шерсти тает цветочной,
И уже не проснется
В этой зелени сочной.

Начала бы сначала
Эту азбуку пенья,
Стрекотала, урчала
С Рождества до Успенья,

Налетала, парила,
И колодезным хладом
Снова стихотворила,
Будто ты дышишь рядом.

\* \* \*

Ничего, конечно, не
Изменилось: получай
В довершение к весне
Корешок зимы на чай.

Никого не уверяй
В том, что это неспроста,
В прорубь темную ныряй
Разграфленного листа.

С той зимой накоротке
И лучи — наискосок,
Но и в мутном ручейке
Света белый поясок.

**Романс светового ливня**

Ситуация полного вздора,
Полноводная взора река,
Ситуация, раньше в которой
Я почти не бывала: пока

Я не вижу тебя и не слышу,
Ты не вспомнишь меня (исключай
Некий знак, нам предъявленный свыше)
В тишине, в полутьме, невзначай.

Но потом мы узнаем прекрасный,
Всеобъемлющий яростный свет,
Я уверена, он безопасный
И стерильный, как этот стилет,

И, безжалостно взрезаны светом,
Мы увидим особенных нас —
Голубым дождевым силуэтом
И соленым, как слезы из глаз.

**Ежедневная колыбельная**

Человек моет руки,
Расстилает кровать.
В этой благостной скуке
Хорошо засыпать.

Закрывать, засыпая,
Золотые глаза.
Шелестят, напевая,
Коренные леса.

Твердых раковин чаши
В море жизни полны.
В этом море не наши
Паруса и челны.

Мы приходим с работы,
Кормим теплых зверей.
Далеко до субботы.
Засыпай поскорей.

### Собачий романс

Собакой быть легко
В лоснящемся трико:
Не помешает мышь,
Когда ты чутко спишь

И бродит сон-жираф,
Кость месяца украв
У тех небесных псов
В стране собачьих снов.

Проснуться на заре
В удобной конуре,
Есть что-то на обед,
Хозяина всё нет,

И весело потом
С подрубленным хвостом
Вдоль берега бежать,
Кораблик провожать.

\* \* \*

Хочешь, я выучу наизусть
Море твоих стихов?
Хочешь, сегодня тебе приснюсь,
И будет сон таков?

Так начинается любовь:
С ненависти к тому,
Кто запирает на сто замков
Нужное самому.

Так тридесятая чернота
Зеленью звездных глаз
Смотрит в родные глаза кота,
Сомкнутые сейчас.

### Служебный романс

Мы не увидимся как знать
Или увидимся наверное
Но если есть что написать
Пиши бесстыдно-откровенное

Танцуют буковки в словах
И секретарь могучим степлером
Пришпиливает ух и ах
К звезде не вычисленной Кеплером

Как сфинкс ликуя и скорбя
Стеллаж обрушится гуманнейший
И на любое я тебя
Найдется шредер окаяннейший

Завял восторженный букет
Вчера подаренный начальнице
Упал напрасно на паркет
Тугой осколок обручальницы

И вот летит о лепесток
Велит по-моему по-нашему
Мне запад а тебе восток
И я молчу а ты не спрашивай

### Неправильные стихи

Отряду октябрят
Все звездочки на смех
А искорки летят
И кружатся как снег

В ладонях городов
Что узки как Нью-Йорк
И сборщикам плодов
Наш август будет тёрпк

Наш август наш апрель
Наш май наш сон ах ах
Качели карусель
И омут в зеркалах

Какая глупость я
Опять себя стыжусь
Но горе без тебя
И грусть

**Из цикла
«Манхэттенские романсы»**

Отношений на пороге
Ты не можешь не узнать:
Обязательно в итоге
Ты должна себя предать.

Не другого, не другую
Или кто там у тебя,
А родную, дорогую,
Драгоценную себя.

Тает новая истома
Снегом старых рукавиц,
Распускается у дома
Полный мужества нарцисс,

И наутро не завяжешь
Ветошь ленточки сама,
Со вчерашним макияжем
Не сотрешь любви слова.

Берегись автомобиля,
Самоката, колеса,
В колесе такая сила, —
Этой силы близнеца.

\* \* \*

А я с тобой слегка дружу,
А я тебе рожу
Кота, щенка или щегла,
Чтоб радость нам была.

Она была, бела, горька,
И слов моих пока
Недостает, как достает
До неба дна полет.

Ты говори, а фонари
Смыкаются по три,
И образуют снова круг,
И мы стоим вокруг.

Щенка, щегла или кота,
Та-та, та-та, та-та,
Любовь приходит мне на ум,
Как раковины шум.

\* \* \*

Что-то ненадежное
И эпикурейское,
Что-нибудь балдежное,
Что-нибудь апрельское.

Звери нас послушали,
Вежливо похлопали:
Никакого ужаса,
Никакого опыта,

Только эта изморось
Ледяная, пряная,
Нам удача вынулась,
Но непостоянная,

Снова инфантильная,
Снова бесшабашная,
Новая и сильная,
Ничего не страшная.

\* \* \*

Приезжай за белым усом,
Серой лапой, черным носом,
Поплывем по черной речке
Рыжей щепочкой весны.

Будет новая суббота,
Голубое солнце Пармы,
Облака всё безмятежней,
Брюшки белые зверей.

В секонд-хэнде будут скидки,
Приезжай, пойдем примерим
Шерстяную пелеринку,
Расставания вельвет.

\* \* \*

*Ю. К.*

Какая разница когда
Ты начинаешь оживать
Глядит вечерняя звезда
И флаг по ветру полоскать

Ночь принимается скупа
И вдоль по набережным лент
Летит сухая скорлупа
Наоборот и гасит цвет

И над Голландией дымок
И в липах милый Эрмитаж
Еще снежок и шерсти клок
И ты мне руку дашь

\* \* \*

Сегодня день сухой
Лишь тянется дымок
Невесткой ли снохой
Как ты еще не мог

Снежок шептал усни
Тюльпаны мед пастель
Касание ресниц
Студеный мой апрель

Надзвездная звезда
Кометой кувырком
На цыпочках до ста
Я змейкой ручейком

Но искорки вальсок
И обморока вист
Сон видит сон в глазок
Проснись

### Котовая колыбельная

Двенадцать рыженьких котов
Лежат и дышат животом,
А с ними черных двадцать семь,
Те спят уже совсем.

А рыжим Бродского читать
Берется кошка-мать,
Не помогает, не заснуть,
Хвостами верть и круть —

Как на сосну сегодня влез,
Каким весенний будет лес,
Какой заблещет язь в пруду,
Мечтается коту.

А черный кот сопит весьма,
А носик, как слова —
Пора, пора, угомонись,
Усы и лапы — вниз,

Усни, нас завтра ждет пирог
С форелью, и творог,
И желтохвоста голова,
Усни: нас будет два.

### На обретение книги поэта
### с его автографом

Книга с автографом от тебя,
Умершего давно.
Связи забытые теребя,
Словно смотрю кино.

Словно когда-нибудь я прочту
То, что пишу, ему.
Кот, освещающий темноту,
Спрыгивает во тьму.

Как своенравна в реке вода:
Пляшет, что хочет спрясть.
Книга глуха, нежива, тверда,
Ей незнакома страсть.

Только рассеян в тумане свет,
Света источник скрыт.
Всё возвращается. Правды нет.
Правда огнем горит.

Словно бумага, закалена
Пламенем денег, войн,
Только не слов: им пятак цена,
Вырвавшимся домой.

### Из цикла
### «Манхэттенские романсы»

В окнах светится планета
И уходит вновь во тьму.
Эта радость, радость эта,
Эта радость ни к чему.

Дыма легкие полоски,
Наваждения жерло.
На нью-йоркском перекрестке
Ты потягивал мерло.

Май летел, окутан тайной,
Солнце плавило асфальт.
Я запомнила случайно,
Вифель оба яре альт.

В отрицательном балансе
Вновь с тобою говорю,
В заоконном зимнем вальсе,
Как Снегурочка, горю.

Только радость не засыплет
Узнавания снежок,
С прошлым будущее выпьет
По глотку на посошок.

И тогда опять увидишь
Через старое стекло
Тот чарующий Ист-Виллидж,
То веселое мерло.

\* \* \*

Радость настигает
На пороге сердце
Кровь к нему толкает
Словно лодку в детстве

И второе сердце
Начинает биться
Как от ветра дверца
Птица в рукавице

Вот и ходишь пьяной
От чужого света
И непостоянной
Радостью одета

Только бы стучало
Тикало молчало
Тихо так сначала
И потом сначала

### Колыбельная для Ирины

> И ты позабудешь о нем.
>
> Г. И.

Ночным укутана снежком
И утренним дождем
Вечерним тополя пушком
И день забыл о нем

Во тьме растаял словно кот
На цыпочках вибрисс
Одетый в бархатный тренчкот
И не помог карниз

И ни огонь ни огонек
Ни искры ничего
И безрассудный мотылек
Не удержал его

И не проснулась ни одна
Малюсенькая мышь
И ты как в том яйце луна
В скорлупке неба спишь

\* \* \*

Небо перелетает
С ветки на ветку: хочет,
Спелым снежком растает,
Яблоком черным ночи.

Хочет, туманом спрячет
В голенькую Фонтанку
Солнца студеный мячик,
Розовый спозаранку.

Хочет, дождем продолжит
Тающую разлуку,
В окна, стекольщик, вложит
Облако и фелуку.

Облако и фелука.
Радость белеет слева,
Круглая, как голубка,
Как половинка хлеба.

\* \* \*

Живи на корточках часов
На четвереньках дней
Перегорай как первый сон
Как стекла by the way

Носи пальтишко речарей
И облака шифон
И тишину в ладонях грей
Как верный свой айфон

Плыви на лодочке тревог
И почерком дыши
И неба плачущий творог
Опять опустоши

Как будто каждому видна
И в каждое окно
Твоя река веретена
Где радость всё равно

## Ида

> — Что вы больше всего любите?
> — Ветер.
>
> Гумилев —
> Ида Наппельбаум. Диалог

Девочка моя, лимоном, лавром,
Виноградом, воздуха малиной
Ночь, весна, восторженна и вечна,
Пахнет, несгораемая. Ида,

Как прикосновенье к Петербургу —
Не забудь, что ты любила ветер —
Столько драгоценного случайно
Спрятано в лучах немого солнца.

Если не умею, умираю
Жалобно в тесемочках улыбки,
Без конца без краю и до краю,
В пальцах свежесказанной ошибки

Я, опустошенная восторгом
Или переплавленная детством,
Заново рождаюсь, подпеваю:
Виноградом, явью, оком, сердцем.

\* \* \*

Сколько свою теплоту ни прячь,
Птицам она видна.
И надеваешь зеленый плащ,
Словно уже весна.

Над ледяной городской водой
Голубь неразличим.
Холод покалывает ладонь,
Ветер уносит дым.

Снилось, что ливень июльский шел,
Шел в высоте за мной.
И трепетал разноцветный шелк
Крыльями за спиной.

\* \* \*

Мы оставили в Ницце, Ницце,
В столько-воздуха-здесь колодце,
Ты не помнишь, но в Ницце, Ницце
Мы оставили солнце, солнце

На просвет, и густые сети,
И ребенок, котом объятый,
Вечер-ветер в кабриолете,
Как в силках леопарда пятна.

Не узнаешь, не уезжая,
Босиком Гантиади в детстве,
Осень смотрит на мир, чужая,
Сквозняком бы скорей раздеться, —

Только Фельзен с романом «Счастье»,
Одичания львенок светский,
И судьба, экспонат молчащий,
Натыкаясь на сердце, сердце.

\* \* \*

Как в воздухе легко
Мерцающей шрапнели
Все капли высоко
А вымокнуть успели

И нас опередив
Сбываются приметы
Толкает дверь порыв
Дождь гасит сигареты

И стало всем мышам
Куницам всем и совам
Так радостно шуршать
В норе пустого дома

Откуда человек
Ушел и ветер дунул
И зверем входит снег
В сияющую убыль

\* \* \*

Если спросишь ты когда
Я скажу что никогда
Ведь и правда никогда
И реки слюда

И лисица божества
Превращается в слова
А вареники мадам
В я тебя предам

А река без потолка
В эти облака
А невыпеченный хлеб
В креп

Пой пока цветет травой
Теплый ужас над тобой
Голоса наперебой
Пой

\* \* \*

В январе пришла зима
И на океане,
И родная снега тьма
Кошкой на диване,

Только чье это кото,
Пели батареи,
Что тебе оно никто,
Пели и не грели,

Пальцы гладящей руки,
Ту еще вязанку,
Щекотали пузырьки
Соды наизнанку,

И кончался лабиринт
Вьюги-минотавра,
Кошка теплая лежит,
Любит и подавно.

**Ода на невыигрыш на eBay «Невского альманаха»—1831**

Золотая монголка, скифка,
Сниффка, сыра французский шар,
Перевод украшений Свифта
В наковальне вдовы Плюшар,

Пасторали и акварели,
Снова зеленоглазый герб,
Фрагонара Луи качели
И Языкова сжегший Дерпт,

Ода, ода, голубка-полька,
Ломтик падает в строку сам,
Пыльной жалости воля-долька,
Awesome.

\* \* \*

*О. М., О. В.*

Соловей мой, соловей,
С воробьем перемигнулся,
Но до ласточки бровей
Он не дотянулся.

Одинок, увидит лишь
Сон и замок Бредероде,
Где не ходит шелка мышь,
Мышь вообще не ходит.

Шар бокала протяни,
Пятипалого движенья.
Или, нет, идет за ним
До изнеможенья.

Остроногий каблучок,
Петербудущего ужас,
Именительный ничок
Ласточкина мужа.

\* \* \*

Свеча погаснет на лету
Как море на ветру
И уподобившись коту
Я прошлое сотру

И твой ушастый силуэт
На подоконнике
Ты был прекрасный нежный пэт
В дырявом дней мешке

Останови кормушку снов
И в лес ночной вернись
Ты что-то путаешь любовь
Не значит вместе вниз

Ты ошибаешься пусти
Хвост выгнулся кольцом
Ты непохож на травести
Лицом

\* \* \*

*Ирине Глебовой*

Веселый легкий мурр
Разлуки сна и вод
Над нами Петербург
Как облако плывет

В искрящихся морях
И шаре спортлото
В на дно упавших днях
Я видела не то

Холодных рук дождя
Не зная и боясь
Я видела тебя
Сквозь тающую вязь

И в рюмочке часов
Покачивались дни
Вибрисс полны усов
Хвостов полос на них

Их знаю наизусть
И да поможет хмель
Я лаской дотянусь
За тридевять земель

\* \* \*

Хорошо подобно нам
Плавать в лодке по волнам
Хорошо подобно мне
Плыть по морю на спине

Хорошо лежать вдвоем
Хорошо когда есть дом
От вина и сигарет
В нем когда отбою нет

И хотя сама не верю
Этой сказочной тюрьме
В ней легко подобно зверю
И тепло подобно мне

\* \* \*

Я обладаю многим
Только не обладаньем
Зверем членистоногим
Пячусь к былым страданьям

Пена дискуссий с жарким
Очарованьем спорит
Тает во льду шампанским
Шепчет далеким морем

Горы туманом млечным
Спи мне вздыхают поздно
И на остроконечных
Вместо игрушек звезды

\* \* \*

Смотри, как ночь блеснула
Рождественской из песен.
Вода в окне заснула.
Нам сон не интересен.

Кто выморгнет ресничку,
Того не будет слышно.
Отыщем рукавичку.
Ешь яблочко, малышка.

Продленка, елка, горка,
Починенная шубка.
На стеклах льда оборка
И вдоль обочин губка.

Весна умоет нервы,
Как окунь, полосата.
Пасхальный прутик вербы —
На жердочке мышата.

Угаснет дождик мерзкий,
Но, помнится, вначале
Зажжется, словно Невский,
Туманными свечами.

\* \* \*

Как закруглялась под ногой
Земля без памяти прочесть
Ни ложесна, ни божемой,
Не счесть.

В округлый пенни посмотри
Глазок, басок и тенорок,
Прикушен пений изнутри
Курок.

И я, дождем скребясь в окно,
Не знаю, видела ли тьму?
Тьме всё равно, мне всё равно
Ему.

\* \* \*

*И., В., С.*

В эсхатологической манере
В экуменистическом Нью-Йорке
Два кота однажды жили-пели,
Сказочные, как узор на стеклах.

Черный кот был узок и проворен,
Чуял и дыханье спящей мыши,
Рыжим был котом вполне освоен
Подоконник с видом на две крыши.

Я сегодня вдоволь умирала,
Как одна рождественская елка
В поднебесном этаже играла
Блеском в отраженьях стекол мокрых.

Справа кот — родная ночи замша,
Слева — рыжеватыми лучами
Нос щекочет и чихает сам же,
Прыскают и оба за плечами.

Это как, не знаю, в тридцать первом
Юрий Мандельштам спросил: — Что будет
Через десять лет, какая стерва
Приголубит или же погубит?

Я ответа словно бы не знала,
Видела сияющую воду
И, как мой ребенок, обнимала
Двух котов, как статую Свободы —

Рыжую и черную от влаги
Эту чужестранную мадонну,
И, пока съедает ветер флаги,
В плошки насыпáла снова корма.

* * *

Качество записи видео на сотовые телефоны
Второго десятилетия двадцать первого века
Равняется качеству записи движущегося
                              изображения
На самые высокотехнологичные камеры
Первой трети двадцатого века
Событий,
Имеющих мировое значение:
К примеру, вручение Ивану Бунину
Нобелевской премии по литературе
(Недавно увидела на ютюбе).
В этом контексте,
Когда я смотрю на нас,
Улыбающихся во тьме,
Багровеющей вокруг,
Я думаю о потомках, —
Им в свете вышесказанного
Будет точно всё равно:
Тридцатые двадцатого века —
Десятые двадцать первого,
Тягучая русская проза —
Порхающие американские верлибры.
Утешение, разумеется, инфантильное,
Но даже в чем-то лестное:
Как волна,
Выкатывающая навстречу
Уже позабытый шлёпок.

## Стихотворение о пяти ЖЖ-заголовках и двух прозвищах

Замысловатый декаданс
Бросает вызов повседневности
Давай попрыгаем под транс
Крупнейший карлик современности

Мир превращается в Содом
И человека ждет прострация
Но донны Игуанны дом
Есть внутренняя эмиграция

Не за горами снегопад
И листьев сгорбились горчичники
Сопят барсук и сурикат
Ища весенней патетичинки

\* \* \*

Кот веласкный, кот урчальный
С виноградом за щекой,
Погоди, не выдай тайны,
Мурчаливенький такой.

Ювелир усов огромных,
Шлифовальщик брючин, ю-
Бок и о бок переломных,
Я люблю тебя, Ю-ю.

Купринышка, бонбоньерка,
Чесучовый галстук мой,
Меховая пионерка,
Ну, бери же мой покой,

Я пожму плечами, плача,
Всё равно не уберечь
Мышекорочку удачи
И тебя, обитель плеч.

\* \* \*

Как оборот фольги
Матова и поката
Боль заберет долги
У берегов Арбата

Там укрывает дом
Веточками батиста
Свет в ноябре твоем
Свежий и золотистый

Он наверху поет
Жалобен и распахнут
Как одичавший кот
Радостью и не пахнет

И расплескает ночь
Ей оказалось мало
Рыжий янтарный скотч
Из своего бокала

\* \* \*

Ты ослепительный визави
Помни повсюду тьма
Мне не хватает твоей любви
Чтобы сходить с ума

Свет очарован вечерней ржой
Хочет ее обнять
Мне не дойти до тебя чужой
Снова не потерять

Так повторяют трава дрова
И ноябри не спят
Кубарем кот и клубком два
Черных от морд до пят

\* \* \*

Много жадного на свете
И как тот миллионер
В облаках о сигарете
Я мечтаю например

Я не чувствовала хмеля
Что почувствовали те
Кто какого-то апреля
Восвояси улетел

Облака не выбирают
Ленинград или Париж
Дымом белым догорают
Я лечу и ты летишь

\* \* \*

Как у берега Ирине
И в гондоле догарине
Хорошо подобно винам
За морями чуженинам

Босиком бы прибежала
Да великие пужала
Я пришлю тебе другие
Дорогие сапогие

Лодка-бабочка-крылечка
И уключины уздечка
У Невы не вынет тайны
Вот плетеные сандальны

А она смеется шалко
Не невеста а русалка
А она глядит на волны
Алые от солны

\* \* \*

Хорошо увидеть лисьи
Хвостья уши норы поздно
Звезды путаются в листьях
Листья путаются в звездах

Догорает в древесине
Чья-то солнечная тайна
Я не знаю я не в силах
Уши лисьи закрываю

Пусть не слышит ход манула
Суслик в норах безымянных
Тайна жадная блеснула
Для жестоких и для пьяных

Алкоголь замена счастью
И несчастию помеха
И хвостатому участью
Эхо

\* \* \*

До шепота и сна
Распознанной судьбы
Весна или блесна
Покажут зубы бы

Сперва увидеть то
Беги скорей теки
Огромное плато
Раздавшейся реки

Где канут юность для
Аккаунты мои
И ты их для меня
Храни

\* \* \*

Ночь становится бродяжкой
Беглецу давая фору
Металлической массажкой
Дождь расчесывает город

Трудно в мире одиноком
Мани мани мани мани
Хорошо в Нью-Йорке окон
Шардоне дыша в тумане

Ждать становится не в силу
В волосах духи томятся
Подошла и укусила
Как лиса кусает зайца

\* \* \*

Никто не умеет спастись от судьбы
Хотя ее ноги слабы
Труха а не зелье в окурках ее
Лицо у нее не свое

Но странно судьба не за ними пришла
Ворча сигарету зажгла
И дым проникая за шиворот знал
Кого и зачем он спасал

Шаги утихали окутывал мрак
И новый хозяин сквозняк
Судьбу проводил до ближайших огней
И двери захлопнул за ней

* * *

Зачем она уходит в ночь
В летящие огни
И свет разматывает скотч
Шагни еще шагни

Они мерцают тут и там
С собой ее зовут
В мечту угар пожар бедлам
Мерцают там и тут

Опустошения восторг
Того восторга тьма
Не свечи освещают торт
Горит она сама

Сегодня столько в ней тепла
Так было в нас вдвоем
Она идет не видя зла
Как и оно ее

* * *

Что меня не убивает
То купается в золе
Я не знала что бывает
Это море на земле

Кто меня переплывает
Полушепотом и вброд
Тот его не умывает
Открывая раной рот

Потихонечку глотает
Одомашнивание
Но откуда столько тайны
В мехе море и золе

\* \* \*

Лоскуточек алый
Хвалится утяжкой
Все провинциалы
С небольшой натяжкой

Все росли в столицах
В университетах
Грели в лаповицах
Память о кастетах

Юность всё больнее
Сердце мне сжимает
О безгрудой Гее
Мне напоминает

Ты моя голубка
Скальпеля одежда
Пусть кричат что глупо
Время есть надежда

\* \* \*

Листья Бруклина витают
И становятся волнами
Рестораны открывают
Свои двери перед нами

Свои чары саксофоны
И конечно же тарелки
Выключаем телефоны
Джаз мелькающею белкой

Процветает и мурлычет
И вода в реке тигрова
Как полоски сшитых лычек
Как несказанное слово

Обожаю обожаю
Свой вернувшийся Манхэттен
Сердца бой опережаю
И твое молчанье в этом

\* \* \*

Любовь крадется не стучит
Когтями по стеклу
Она тихонечко урчит
В тихонечном углу

Любовь не ищет своего
Урча не мыслит зла
Она как старое стекло
Туманна и бела

Щекочет солнце бельэтаж
Ты ставни распахни
Смотри крадется что ей дашь
Молчи ее вдохни

Насыть вчерашним молоком
Чеши ей колтуны
Насыпь ей прима-класса корм
И снова прогони

\* \* \*

Спине поможет нимулид
Долги отдаст жена
Но ярость старая глядит
Из нового окна

И юность жирным коньяком
По венам потечет
И алчность выключит ситком
Забвения насчет

Я помню аиста гнездо
И сам он буквой «г»
Еще три сотни двести сто
В сияющей фольге

Так вы несчастны? В Петербур-
Ге счастье ветер ночь
Оттенка облака и умбр
И некому помочь

\* \* \*

Так тетива или блесна
Натянет воздух над рекой
Где счастья ветром смущена
Хрустит весна под каблуком

Спеша как молодость спешит
Открыть в коктейле жестяном
Листвы родившейся нефрит
И глаз единственных кино

Так убеждает на износ
И гасит звезды в кулаке
И укрывает лапой ночь
И муркает в клубке

\* \* \*

Наши полночи с тобой
Как песок бегут
Как песочный часовой
Полночь стерегут

Вьется тайны нить утка
Белого песка
И прозрачная тоска
В талии тонка

Отвори же двери и
Новым светом сыт
Ту тоску переверни
Словно те часы

\* \* \*

Пропадает пропадает
Весь почти уже исчез
Обесточен и истаял
В рыжих пятнах раны лес

Ограниченный домами
И ядром над головой
И гуляющими нами
Под шагреневой листвой

Погляди в окошко мама
В заливной стеклопакет
С молодой бороздкой шрама
Осязаемый дефект

\* \* \*

Осталось времени помочь
В ладонях памяти упрятать
Очарование и ночь
Как мякоть в ароматах пряных

Живет душа воспламенясь
Вочеловечась и играя
В уютном пламени двоясь
Живет не первая вторая

Вот так и ты живешь во мне
Как это ядрышко в орехе
Под скорлупой на глубине
Как червоточина в успехе

\* \* \*

В зарослях белых
Черных опасных
Что-то сгорело
Что-то погасло

Воздух упругий
Помнит кого-то
В радужном круге
Тень самолета

Воздух высокий
В зарослях дышит
Голос осоки
Всё еще слышит

Пение смелых
И обреченных
В зарослях белых
Зарослях черных

\* \* \*

В холодных подвалах
В пустых мастерских
Я их узнавала
Я помнила их

Им в комнатах точно
Не хватит угла
Печали защечной
Приманка кругла

Кто в это поверит
Никто леопард
Все в родинках звери
С колгушек едят

\* \* \*

Куда ни глянь река всё
Куда ни глянь всё дождь
В песке зарытых капсул
Ты больше не найдешь

Дыханья восьмистиший
Дыхания любви
Куда не поглядишь ли
Наверх гляди плыви

Манхэттен это лодка
Весь в мачтах узкий бот
Что в океан холодный
Плывет плывет плывет

* * *

Увы и ах, увы и ах,
Увы и ах, увы
И ах сгущают первый прах,
Сносить им головы.

Увыиах, его близнец
И третий ктототам —
Волшебных радугов кузнец,
Узниц гипоталам.

Накинет фокусник покров
В бегущем октябре,
Я за тобою, будьготов,
Улыбкой в кобуре.

Простор и воля, и простор
И воля, где же там
Тот белый яркий коридор
Наперекор счетам?

Помпельмус горек, ясен свет,
Ползала пьет в слезах,
Ни сна, ни катарсиса нет,
Увы, увы и ах.

\* \* \*

Фонарей вечерних взвесь
Влага первая рожениц
Нет таким знакомым здесь
Не бывает свет и шелест

Шорох верных сигарет
Настроение такое
Что глядит в окно рассвет
И закат в окно другое

И ликующих огней
Я потом увижу рыльца
И как ты заходишь к ней
Элегантный как убийца

## СОДЕРЖАНИЕ

Из цикла «Манхэттенские романсы» ............................. 7
«Если неизбежно...» ............................................................. 8
«Желание, как песок...» ...................................................... 9
«Ты цел, я снова остаюсь...» .......................................... 10
«От летучего вокала...» .................................................... 11
«Стихи сбываются, поэт...» ............................................ 12
«Улица дня рождения...» ................................................ 13
«Лапой слегка поскребется котик...» ........................ 14
«Широко открыть...» ......................................................... 15
«Котик-лисица...» ............................................................... 16
«Не всё ли равно, на какой стороне...» ..................... 17
«В памяти тихо тонет...» ................................................. 18
«Улыбаюсь я, скорбя...» ................................................... 19
«Вольно ли пляшущим на воде...» ............................. 20
«Лето в своем родовом саду...» ................................... 21
T w i n s
   1. «Лица не увидать...» ................................................. 22
   2. «Запомни день, запомни дом...» ......................... 22
   3. «Сходи, пожалуйста, с ума...» ............................... 23
   4. «Возьми за правило твердить...» ....................... 23
«Как откровенно жалко...» ............................................ 24
«Улечу в кабриолете...» ................................................... 25
I n s i d e
   1. «Как я любила ту...» .................................................. 26
   2. «Лета много не бывает...» ..................................... 26
«Кто потянется, приснится...» ...................................... 27
«Тот вихрь, который нас вознес...» ............................ 28
«Вновь соленой воды напьюсь...» .............................. 29
«Он любит музыку не ту...» ........................................... 30

«Как бы этот сон прекрасный...» ........................... 31
«То остыло, то осталось...» .................................. 32
«Что тревожней ожиданья...» ............................... 33
«Печи большой...» ............................................... 34
«Горит влюбленности огонь...» ............................ 35
Cloud Nine
   1. «Я надену белое...» ...................................... 36
   2. «Одеяла язычок...» ...................................... 36
   3. «Нет у нас ни душ...» .................................. 37
   4. «Буду смотреть на тебя, смотреть...» ......... 37
   5. «Ничему не верила...» ................................ 38
Скоростной романс .............................................. 39
«Луч бежит через дорогу...» ................................. 40
«Смотри: это моя любимая музыка...» ................. 41
«Тополями, облаками...» ...................................... 42
«Я забуду твои остроты...» ................................... 43
«Облако, серый огромный дом...» ....................... 44
«Утром, и вечером, и в выходной...» .................... 45
«Мы встретимся с тобой...» .................................. 46
«Возьми себе на память роз...» ............................ 47
«Ну не плачь же, ну не плачь...» ........................... 48
«Снова тебя разбудят...» ...................................... 49
«В таких глазах себя найду...» .............................. 50
«Я погибаю. Горы...» ............................................ 51
«Все крыши Парижа и каждый салют...» ............. 52
«Я снова уступила...» ........................................... 53
«Обнять тебя как книжку...» ................................. 54
«Ты спишь. Тебе не снятся сны...» ....................... 55
«Где, воробушки, летали...» ................................. 56
«Кот глядит зеленооко...» .................................... 57
«Снегом залитый газон...» ................................... 58
«Стебелек с высоким горлышком...» ................... 59

Стихи о простых словах .................................................. 60
«Наступит четверг, а потом среда...» .......................... 61
«Зачем волнуется трава...» ............................................ 62
«От внутреннего гойства...» .......................................... 63
«Я зайду к тебе в фейсбук...» ........................................ 64
«Небо до ненастья...» ..................................................... 65
«Сколько до поцелуя...» ................................................. 66
«Нежно песни распевая...» ............................................ 67
«Что однажды уснуло...» ................................................ 68
«Ничего, конечно, не...» ................................................. 69
Романс светового ливня ................................................ 70
Ежедневная колыбельная ............................................. 71
Собачий романс .............................................................. 72
«Хочешь, я выучу наизусть...» ...................................... 73
Служебный романс ........................................................ 74
Неправильные стихи ..................................................... 75
Из цикла «Манхэттенские романсы» ......................... 76
«А я с тобой слегка дружу...» ....................................... 77
«Что-то ненадежное...» .................................................. 78
«Приезжай за белым усом...» ....................................... 79
«Какая разница когда...» ............................................... 80
«Сегодня день сухой...» ................................................. 81
Котовая колыбельная .................................................... 82
На обретение книги поэта с его автографом ........... 83
Из цикла «Манхэттенские романсы» ......................... 84
«Радость настигает...» .................................................... 86
Колыбельная для Ирины .............................................. 87
«Небо перелетает...» ...................................................... 88
«Живи на корточках часов...» ...................................... 89
Ида ..................................................................................... 90
«Сколько свою теплоту ни прячь...» ........................... 91
«Мы оставили в Ницце, Ницце...» ................................ 92

«Как в воздухе легко...» ..................................... 93
«Если спросишь ты когда...» ............................. 94
«В январе пришла зима...» ................................ 95
Ода на невыигрыш на eBay................................ 96
«Соловей мой, соловей...» ................................. 97
«Свеча погаснет на лету...» ............................... 98
«Веселый легкий мурр...»................................... 99
«Хорошо подобно нам...» ................................ 100
«Я обладаю многим...» .................................... 101
«Смотри, как ночь блеснула...» ....................... 102
«Как закруглялась под ногой...» ..................... 103
«В эсхатологической манере...» ..................... 104
«Качество записи видео...» ............................. 106
Стихотворение о пяти ЖЖ-заголовках... ..... 107
«Кот веласкный, кот урчальный...»............... 108
«Как оборот фольги...» .................................... 109
«Ты ослепительный визави...» ....................... 110
«Много жадного на свете...» ........................... 111
«Как у берега Ирине...» .................................... 112
«Хорошо увидеть лисьи...» .............................. 113
«До шепота и сна...» ......................................... 114
«Ночь становится бродяжкой...» ................... 115
«Никто не умеет спастись от судьбы...».........116
«Зачем она уходит в ночь...» ........................... 117
«Что меня не убивает...» .................................. 118
«Лоскуточек алый...» ....................................... 119
«Листья Бруклина витают...» ......................... 120
«Любовь крадется не стучит...» ..................... 121
«Спине поможет нимулид...»........................... 122
«Так тетива или блесна...» ............................... 123
«Наши полночи с тобой...» .............................. 124
«Пропадает пропадает...» ................................ 125

«Осталось времени помочь...» ............................................. 126
«В зарослях белых...» .......................................................... 127
«В холодных подвалах...» .................................................... 128
«Куда ни глянь река всё...» ................................................. 129
«Увы и ах, увы и ах...» ......................................................... 130
«Фонарей вечерних взвесь...» ............................................. 131

www.ingramcontent.com/pod-product-compliance
Lightning Source LLC
Chambersburg PA
CBHW071703040426
42446CB00011B/1894